A. Pinart
Mélanges Américains

(Amérique centrale)

Fol. PR
272

Note sur les limites des Civilisations de l'isthme Américain

Nous avons déjà été amené, dans une étude précédente (Les Indiens de l'État de Panama Revue d'Ethnographie 1885) à constater l'existence d'une population d'origine Mexicaine dans la partie du Chiriqui touchant à la grande lagune. Nous avons fait remarquer dans cette étude que plus grande était la distance qui séparait les populations Guaymies de ce centre de "Colonie Mexicaine", moindre était le degré de civilisation auquel elles étaient arrivées, aux temps qui précédèrent la conquête Espagnole.

Nous avons retourné des guacas, il est vrai, près des bords du Chagres mais extrêmement pauvres en objets travaillés, tandis que les guacas du Chiriqui nous ont toujours donné de riches résultats. Nous avons d'autre part appris récemment que dans les Iles des Perles dans le golfe de Panama et princi-palement sur celle du Roi ou Juraregui, on avait découvert des guacas assez riches. Ceci confirme ce que nous avions déjà avancé : c'est que les habitants de ces îles appartenaient à la famille Guaymie. De ces faits résulte que le Rio Chagres et les îles des Perles, sont les derniers points vers le Sud où l'influence civilisatrice venue des plateaux de l'Anahuac se soit fait sentir.

— Nous sommes amenés à parler maintenant, des populations du Costa Rica et du Nicaragua chez lesquelles une civilisation analogue à celle du Chiriqui

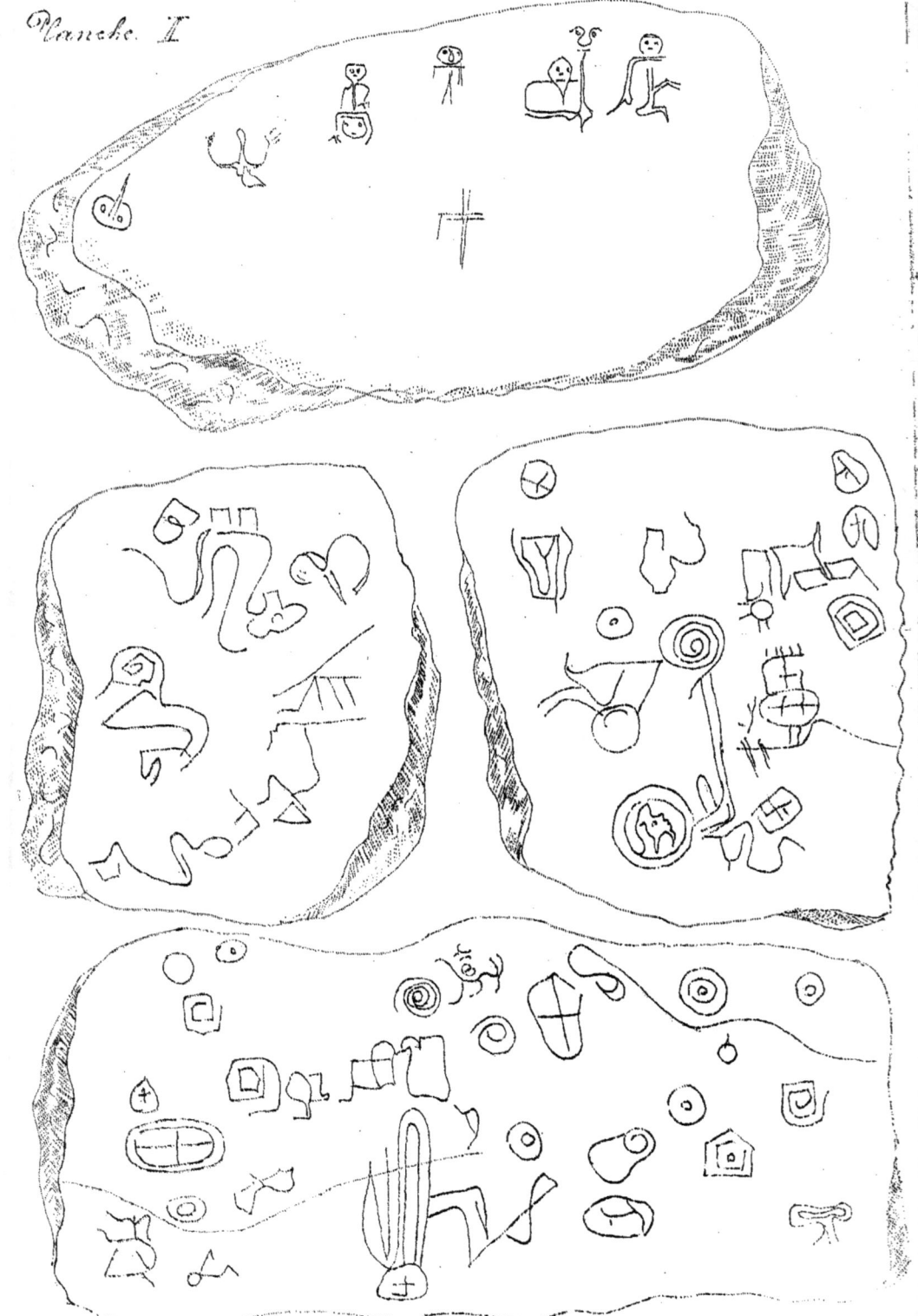

existait aux temps de la conquête. Nous n'entrerons pas pour le moment dans la discussion de la localisation exacte de ces nations innombrables dont font mention les relations des conquistadores et des auteurs qui ont écrit sur les dites conquêtes. Constatons pour le moment un fait c'est que les civilisations qui ont produit au Nicaragua, au Costa-Rica et au Chiriqui la plupart des objets de pierre ou de terre-cuite qui se rencontrent dans les guacas, provenaient d'une origine commune. Un examen même très-rapide de ces objets de différentes provenances nous renseignera mieux que de longues discussions à cet égard.

    Il faut aussi remarquer que dans les pays qui nous occupent actuellement, la civilisation s'est développée partout, à de très-rares exceptions près, sur le versant Sud et Ouest de la Cordillère. Dans le Chiriqui, par exemple, les populations qui ont produit les guacas étaient de même origine que celles moins civilisées, restées même presqu'à l'état sauvage, de la côte de l'Atlantique. Nous avons dit dans cette étude précédente que ces populations étaient d'origine Caraïbe Continentale.

    Au Costa-Rica, les populations Guétares qui habitaient le versant Sud de la Cordillère, refoulées par les invasions Nahuatlaques, n'étaient-elles pas alliées à la famille Caraïbe ? Les Muoi, les Guaymie du Valle Miranda désignent encore aujourd'hui sous le nom de Jbuité, Huita, Hucta ou Huctar les populations Charguina-Dorasque. Mais, même refoulées, nombre de ces Guétares restèrent parmi les conquérants pour s'amalgamer avec eux et produire cette civilisation qui a donné les objets rencontrés jusqu'à nos jours dans les provinces de San-José, de Cartago, de Alajuela, de Nicoya &c. &c.

    De même au Nicaragua, il paraît certain que

Les premières populations rencontrées puis refoulées par les invasions Mexicaines et Nahuatlaques furent celles des Chontales dont le nom seul à notre avis devrait indiquer l'origine. Les conquistadores ont, en effet donné à maintes reprises aux tribus qu'ils découvraient des noms provenant de leur aspect physique, des ornements, des armes etc etc que les Indiens portaient.

Eh bien! le mot Chontal donné à ces Indiens ne vient-il pas d'une arme qu'ils employaient —, la Chonta équivalent à la bodoquera et à la sarbacane! Nous avons souvent entendu dans l'Amérique du Sud et du Centre appliquer le mot de Chonta à la sarbacane elle-même. En effet les flèches empoisonnées employées dans les sarbacanes, sont faites avec les épines des palmiers Chonta ou macaque et l'on sait que bien souvent la partie d'un objet est employée pour le tout.

D'autre part, nous savons de source certaine que les populations Indiennes du Versant Atlantique de l'Amérique du Centre employaient et emploient encore pour la plupart, la sarbacane. Les Guaymies dans le Chiriqui, les Teribis, Bribris, Cabecares etc etc dans la Talamanca, ou Costa-Rica les Ramas, les Poyais, les Woolwas etc de la côte des Mosquitos au Nicaragua emploient la sarbacane ou Chonta. Nous tirons de ces faits deux conclusions: La première c'est que le mot Chontal appliqué aux Indiens que nous considérons comme ayant précédé les conquêtes Mexicaines au Nicaragua employaient la Sarbacane. La seconde, c'est que la Sarbacane étant une arme essentiellement propre à l'Amérique du Sud, il y a tout lieu de penser que les populations qui s'en servaient dans l'Amérique du Centre, avaient une origine commune avec les populations de l'Amérique du Sud et appartenaient ainsi que nous l'avons déjà indiqué pour certaines d'entre elles à la famille Caraïbe — Continentale.

Nous venons de supposer que certains groupes des populations de l'Amérique du Centre auraient accepté de gré ou de force, l'influence civilisatrice venant des hauts plateaux de l'Anahuac : mais d'autres, à côté, sont restés absolument réfractaires à toute influence civilisatrice venant du Nord ou du Sud. Tels sont par exemple les Indiens Cunas habitants du Darien qui placés à cheval sur l'Isthme reliant les deux Amériques, avaient à lutter continuellement contre les tribus d'origine Chocoe venant du Sud et apportant les idées de civilisation des plateaux de Tunja et de Cundinamarca et les Guaymies qui les harcelaient par le Nord en leur apportant l'influence civilisatrice des plateaux de l'Anahuac. Les Cunas restèrent donc dans un état complet de barbarie sauvage et formèrent comme une barrière infranchissable aux idées de civilisation venant soit du Nord, soit du Sud.

     La Nation Chocoe, qui n'appartient, à vrai dire, à l'isthme américain que par de petites colonies est une branche Indienne fort importante dans l'Amérique du Sud et principalement en Colombie. Sous différentes dénominations Chocoe, Baudo, Citarae, Noanama, etc. nous les rencontrons presque partout au Cauca et jusqu'à l'Équateur. Dans l'intérieur, elle occupe tous les contreforts qui défendent du côté de l'Atlantique l'accès des plateaux d'Antioquia. C'est une nation excessivement brave et fière : ce sont eux que les conquérants rencontrèrent quand encouragés par les paroles des Indiens de race Caraïbe habitants de la côte, ils partirent à la conquête du pays de Dabaïbe. Ils rencontrèrent ces Indiens vivant en villages et possédant beaucoup d'objets travaillés et surtout beaucoup d'Or. Aujourd'hui, encore, nous retrouvons dans les régions habitées autrefois par la nation Chocoe, de très nombreuses guacas qui nous fournissent des objets d'or en grand nombre et d'un travail supérieur, de terre cuite et de pierre presqu'identiques à ceux provenant des plateaux de Tunja et de Cundinamarca, mais présentant les traces d'une civilisation différente de celle du Chiriqui, du Costa-Rica etc - etc -.

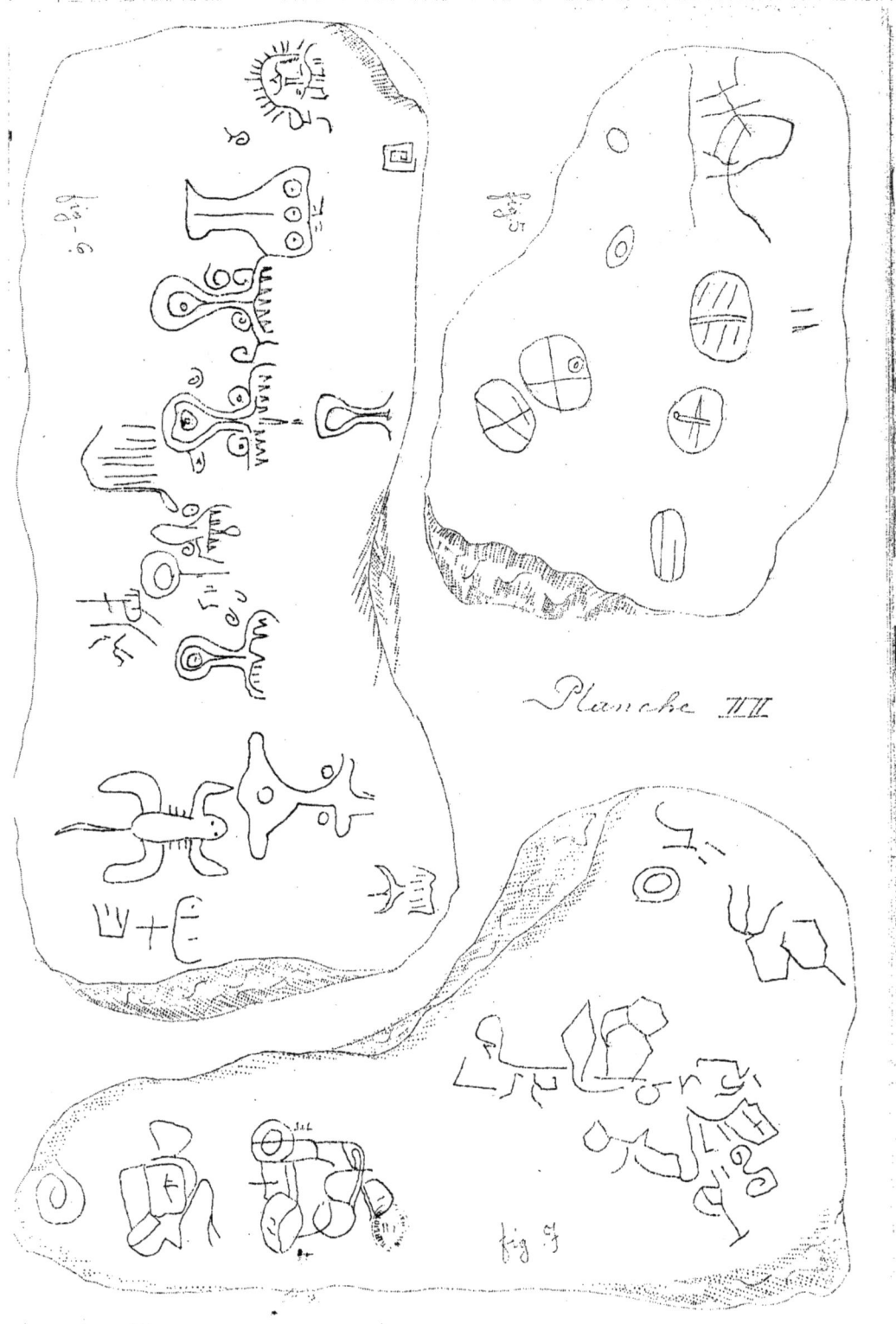

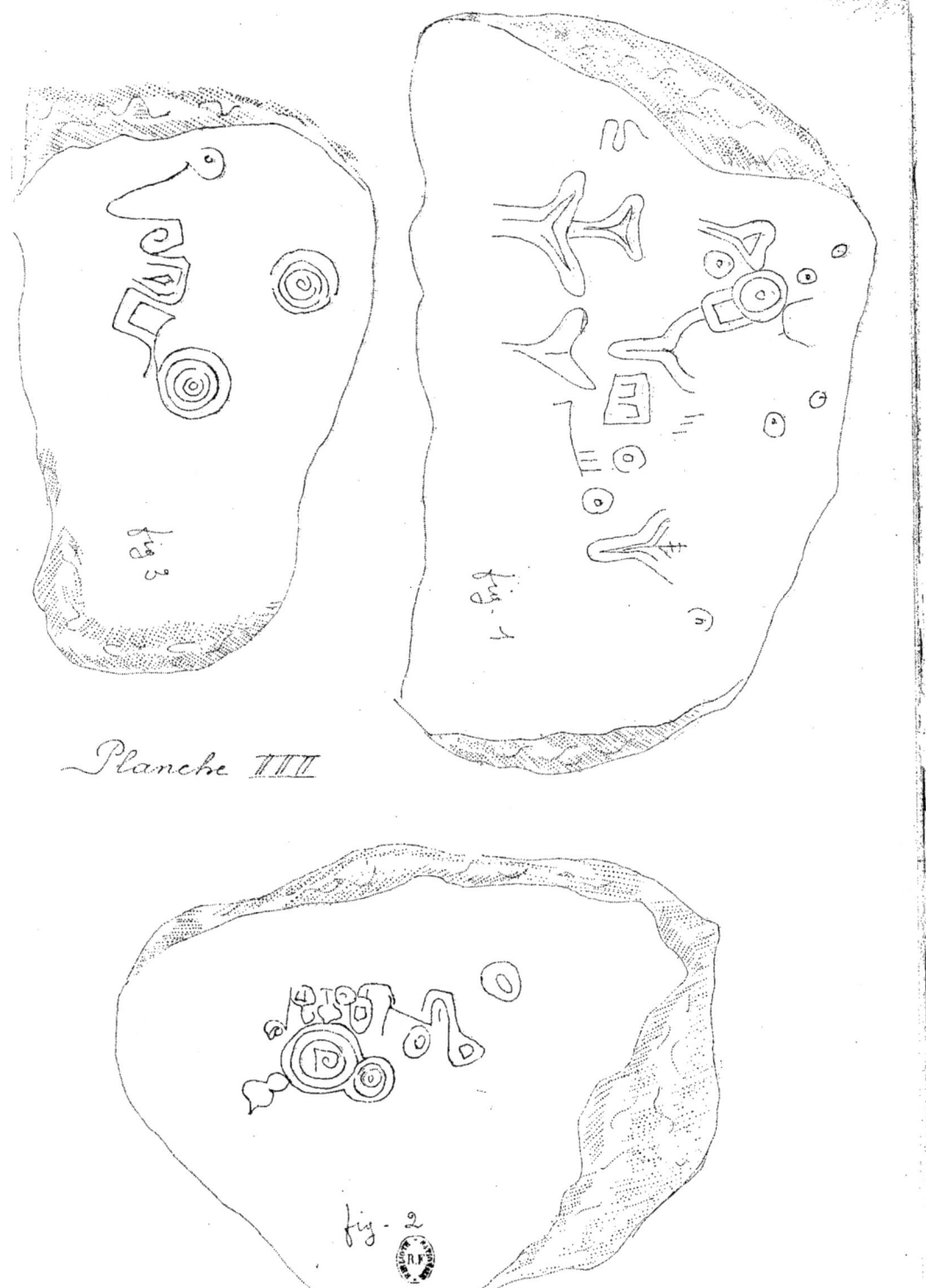

Planche VIII

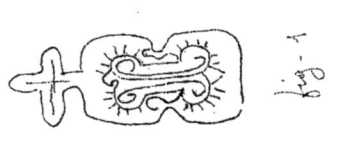

fig. 1

Planche IV

fig 2

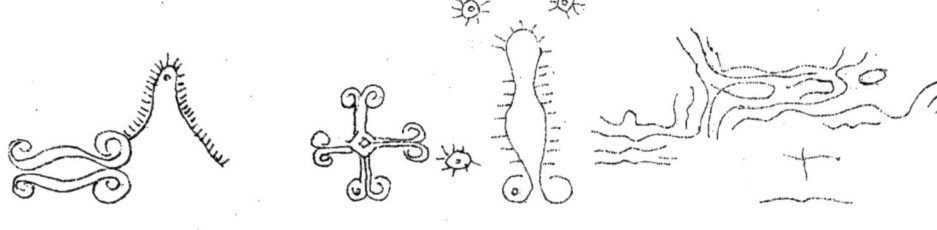

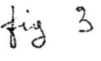

fig 3

fig 4

fig 5

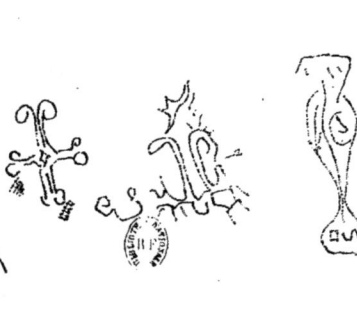

fig. 6

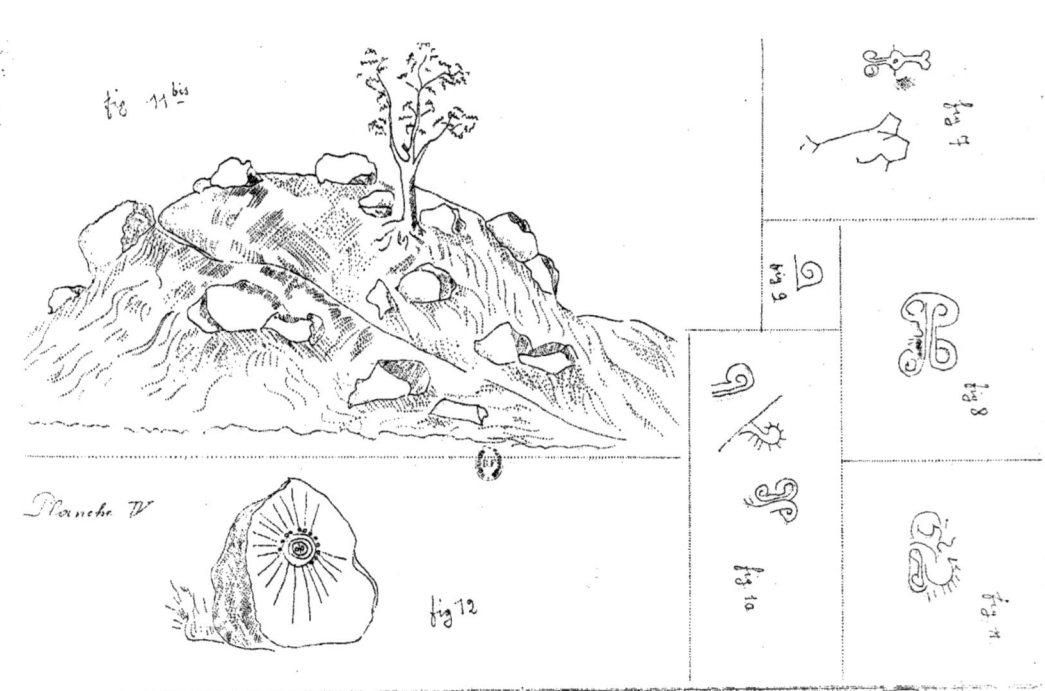

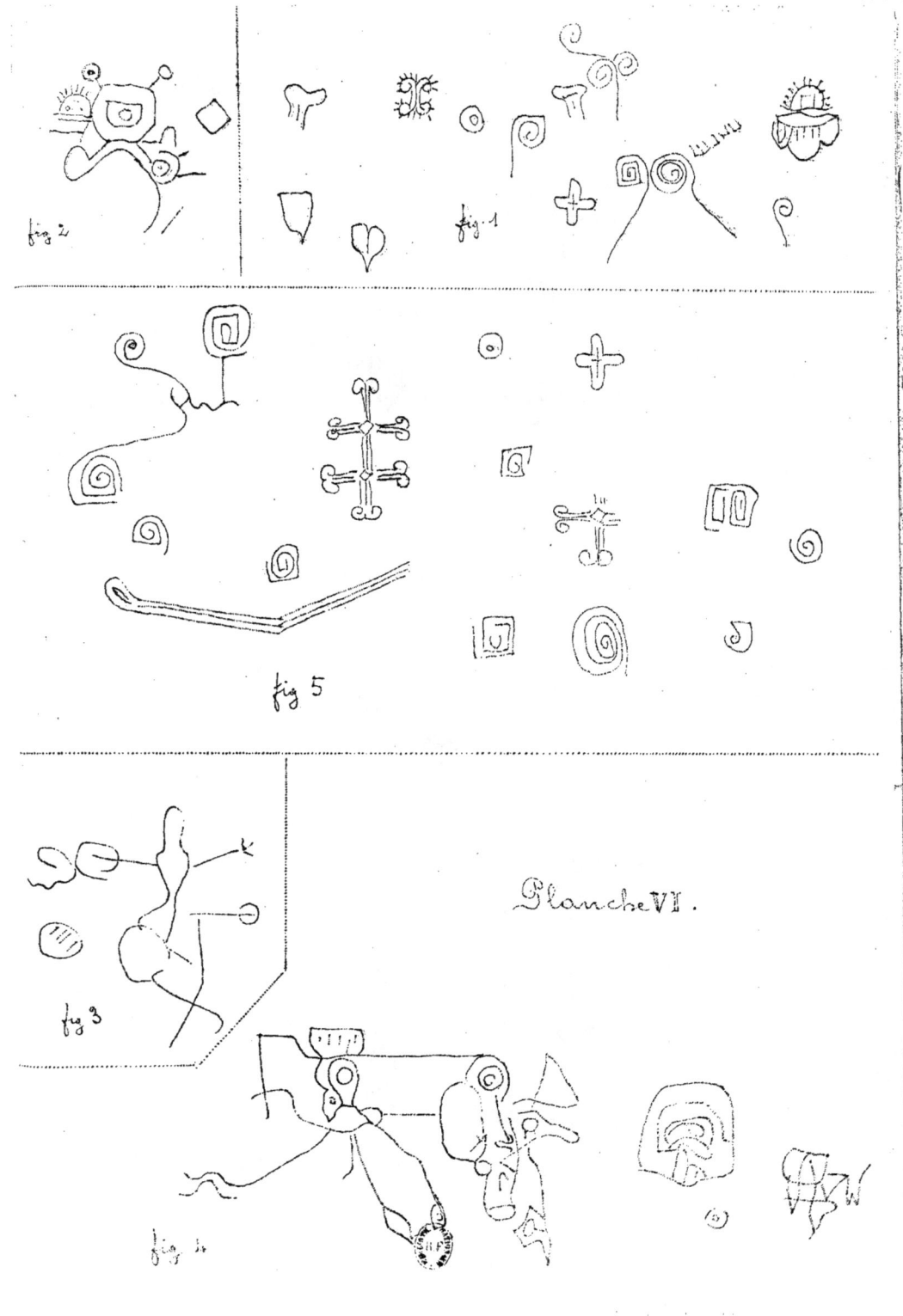

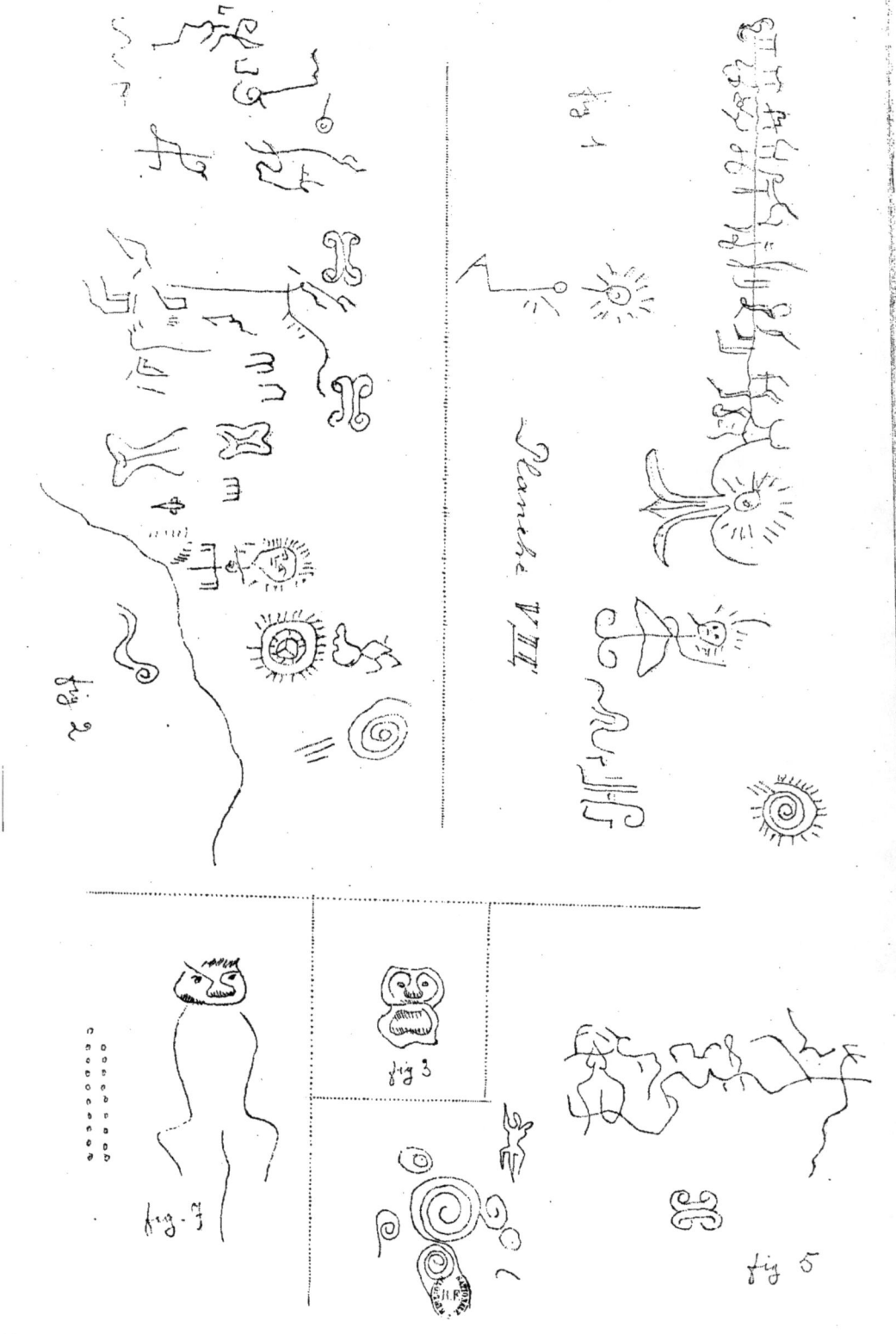

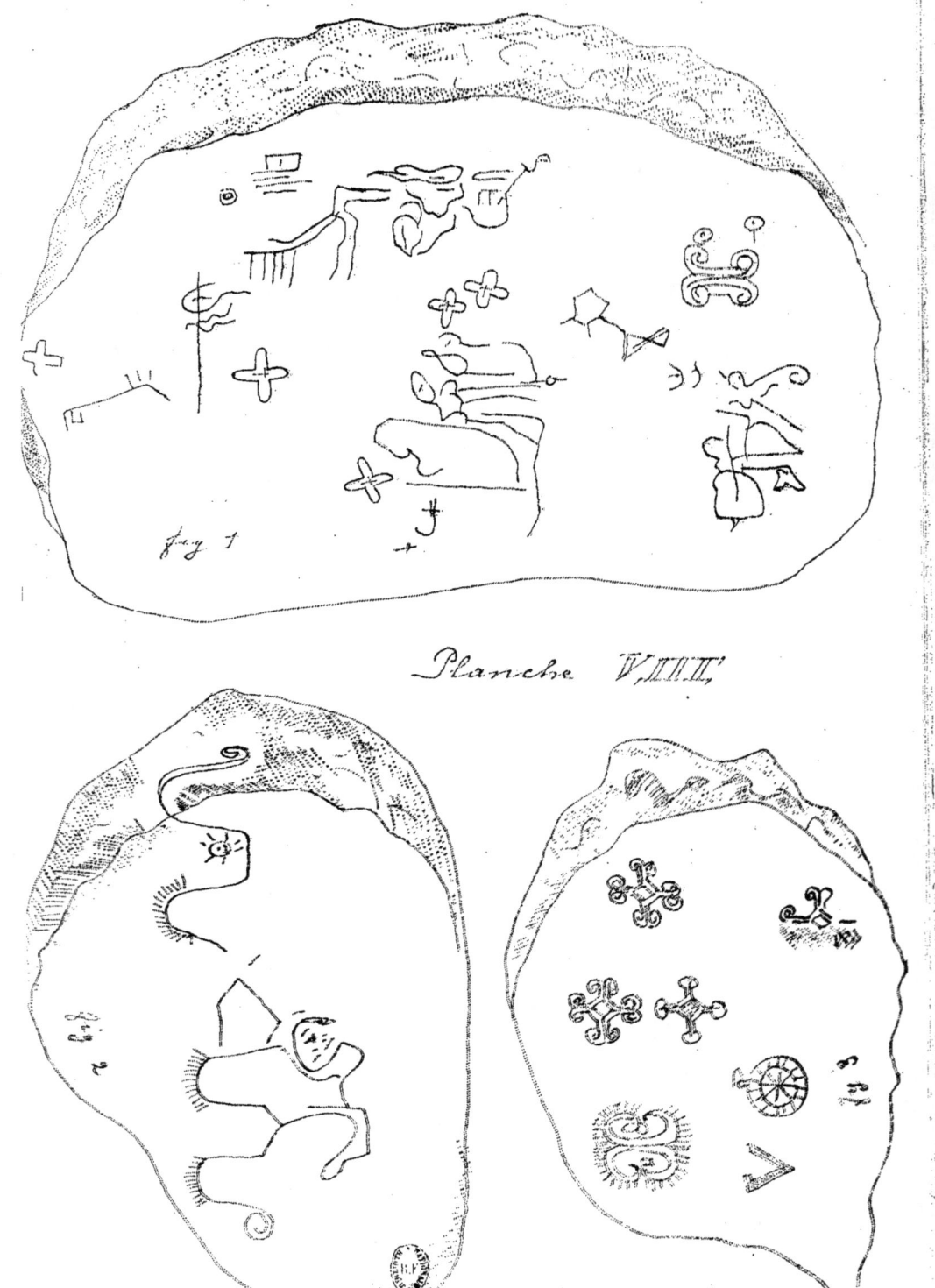

Planche VIII.

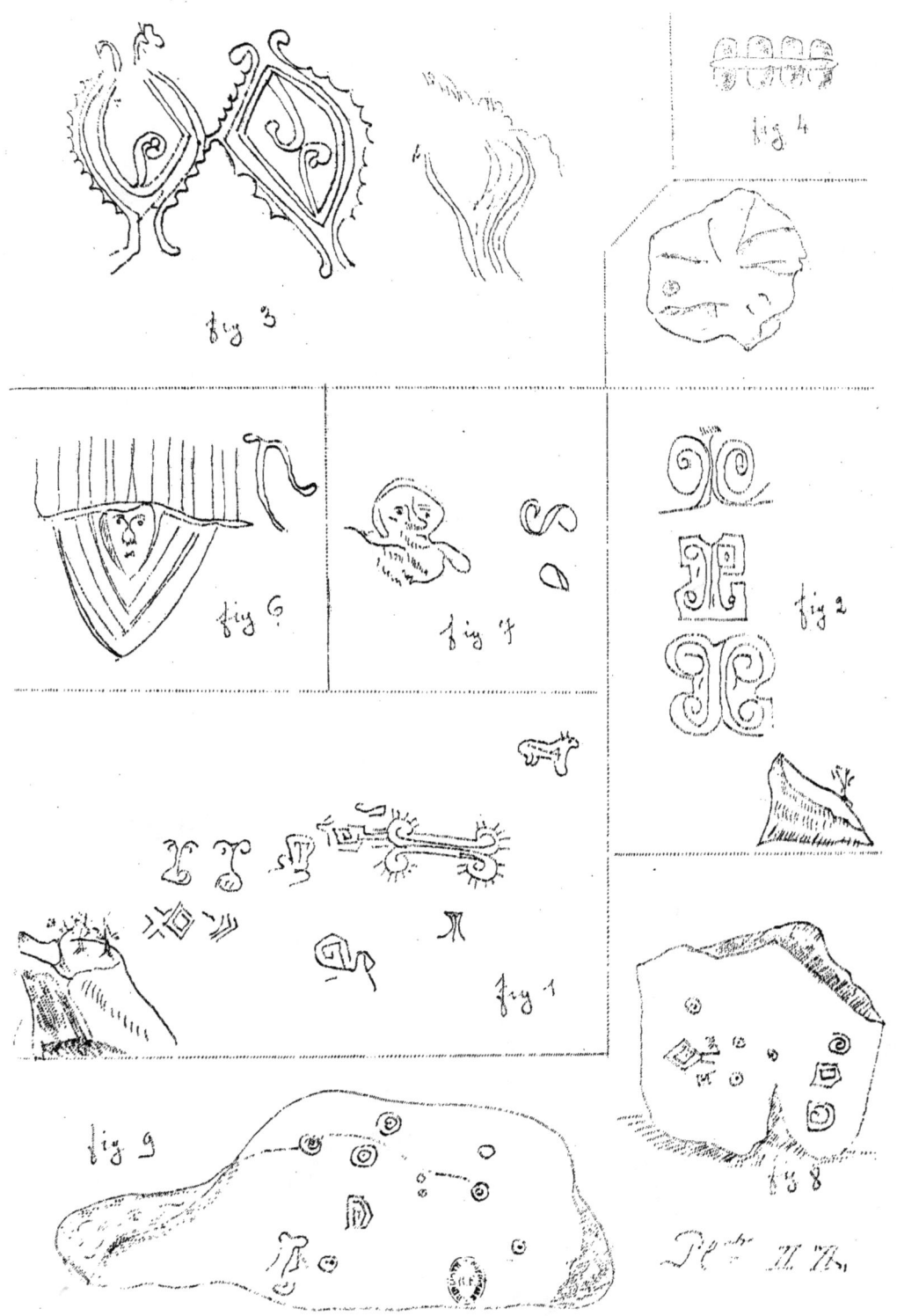

Pétroglyphes
dans l'Isthme Américain
et dans
l'Amérique Centrale

Nous croyons utile de donner ici la représentation des différents pétroglyphes rencontrés par nous dans l'État de Panama et au Costa-Rica et, nous joignons à cette série les plus importants des pétroglyphes recueillis au Nicaragua par le Dr Bovalius qui appartiennent sans nul doute au même groupe général.

Ces pétroglyphes sont :

Dans l'État de Panama :

Département du Chiriqui —

I° Une roche énorme présentant plusieurs surfaces planes et lisses, située non loin du Rio de Chiriqui à un endroit désigné sous le nom d'El Maguey à peu de distance du village de La Caldera. Ces pétroglyphes ont déjà été reproduits d'une manière absolument erronée par Seeman et d'après ce dernier par C. Rau ; ils sont très-bien conservés et très-nets. Nous y remarquons surtout une curieuse figure avec des ornements bizarres (Pl 1 et 2 fig 2 à 6)

2° Une roche à la Loma de la Piedra grande, sur un monticule boisé, à peu de distance du village de la Caldera (Pl 2 fig 7)

3° Au Potrero de Vargas, où habitent encore aujourd'hui les derniers descendants des Dorasques-Chanules, à environ 5 lieues de la Culebra dans la montagne, se trouvent trois roches isolées avec pétroglyphes. (Pl 3 fig 1 à 3)

Dans le Veraguas

1º Au lieu dit le Nancito, à environ 2 lieues au Nord-Ouest du bourg Indien de Tolé, s'élève une petite colline d'où l'on domine parfaitement les environs. Sur le sommet de cette colline et occupant une surface aplanie, juste au centre, se trouve une roche plate sur la partie supérieure de laquelle se trouvent les pétroglyphes (Pl. 5 fig. 11). Autour de la surface aplanie ci--dessus indiquée se trouvent rangées artificiellement et circulairement d'autres roches dont plusieurs sont aujourd'hui tombées. Sur les flancs et au bas du monticule, dans la savanne se rencontrent en assez grand nombre de ces roches dont quelques unes portent des pétroglyphes (Pl. 5 fig.). Dans cette savanne qui se trouve au pied du dit monticule, existent en très-grand nombre les guacas dont nous avons fouillé plusieurs avec de bons résultats.

2º A peu de distance du village de Las Palmas se rencontre une roche à face lisse sur laquelle se trouve représentée la figure d'un soleil (Pl. 5 fig. 12)

3º A côté du même village de Las Palmas, et sur le bord d'une petite rivière se trouve le pétroglyphe (Pl. 6 fig. 1)

4º Au cerro del Cuto, à une dizaine de lieues du village de Cañazas, sur la route qui va de Cañazas à Santa-Fe et au Mineral de Veraguas, se trouvent en nombre considérable, des roches granitiques rougeâtres, éparses çà et là au milieu d'une grande région herbeuse sur laquelle nous avons rencontré les pétroglyphes que nous représentons (Pl. 6 fig. 2 à 6).

Nous ferons remarquer, surtout, la partie du pétroglyphe (Pl. 7 fig. 1) où se trouvent des caractères bizarres ressemblant beaucoup à ceux d'anciens alphabets orientaux et qui présentent une certaine analogie avec ceux que nous avons déjà signalés à Porto-Rico et à Aruba.

5º A Los Valles endroit situé dans la même direction et à environ 8 lieues du village de Cañazas, sur le rebord d'une grande savanne se trouvent sur des roches isolés les pétroglyphes que nous représentons (Pl 7   fig 1 à 5)

6º A l'endroit appelé " El Pedregal ", Valle de los Leones, aussi dans la direction de Cañazas et à environ 6 lieues de ce village, se trouvent au milieu d'un immense amoncellement de roches noires volcaniques, absolument dénudées, deux roches debout sur lesquelles nous avons copié les pétroglyphes (Pl 8 fig 1-2-3)

7º Sur les parois de la falaise ou se jette en cascade le Rio de la Plata, a environ 3 lieues de Cañazas, se trouve le pétroglyphe (Pl 9 fig 1)

Dans l'Azuero —

1º A environ 2 lieues du village d'Ocú, sur la route qui conduit au Palabazal, se trouve sur une roche debout les pétroglyphes (Pl 9 fig 2)

2º Au Rio de Señales à peu de distance du même village, se rencontrent les pétroglyphes représentés (Pl 9 fig 3 à 7)

Département de Panama

Enfin dans le département même de Panama, à peu de distance d'Empereador, sur la ligne même du tracé du " Canal " et près de la rivière de l'Obispo, se trouvaient deux roches avec pétroglyphes (Pl 9 fig 9 et 8) qui ont disparues dans les travaux du creusement du Canal.

Nous laissons pour d'autres moments, l'étude approfondie de ces différents pétroglyphes, mais nous ne pouvons que constater la grande similitude que tous ceux que nous avons recueillis dans l'Etat de Panama et Nicaragua ont entre eux, ainsi qu'avec ceux rencontrés sur le Rio Magdalena, dans l'Orénoque etc. etc. Nous signalons en même temps aux Explorateurs, l'importance qu'il y aurait à recueillir dans toute l'Amérique partout où il en existe, quelque peu importants qu'ils soient, tous les pétroglyphes.

Déformations Dentaires artificielles chez les Indiens de l'Isthme

Un fait anthropologique qui a sa valeur est celui des mutilations dentaires déjà signalées par plusieurs auteurs, chez diverses populations Américaines. Le savant évêque du Yucatan, Diego de Landa, nous fait savoir que les Indiens du Yucatan se limaient les dents en forme de scie et que c'était chez eux une marque de grande beauté. En plusieurs points du Mexique, dans les plateaux d'Anahuac nous savons que les gens nobles s'incrustaient les dents avec de l'or et des pierres précieuses. Chez les Tarasques, le Dr Nicolas Léon, dans une brochure nouvellement publiée, nous fait connaître que sur des crânes découverts dans le Michoacan par le Dr Plancarte les dents canines avaient été mutilées de manière à former sur leur face externe une espèce d'encoche en forme de queue d'hirondelle. De notre côté chez les Indiens Huaymis du Valle Miranda et en général chez les populations de l'Isthme, nous avons constaté chez plusieurs individus, la mutilation des dents canines en forme de scie. Nous avons aussi constaté que chez les jeunes femmes l'une des canines, celle de gauche supérieure, manquait presque toujours et on nous a expliqué la chose en nous disant que cela venait de ce qu'au moment de la première menstruation et durant les fêtes qui avaient lieu à cet effet, l'on brise cette dent pour prouver que la fille était nubile.

Pinart

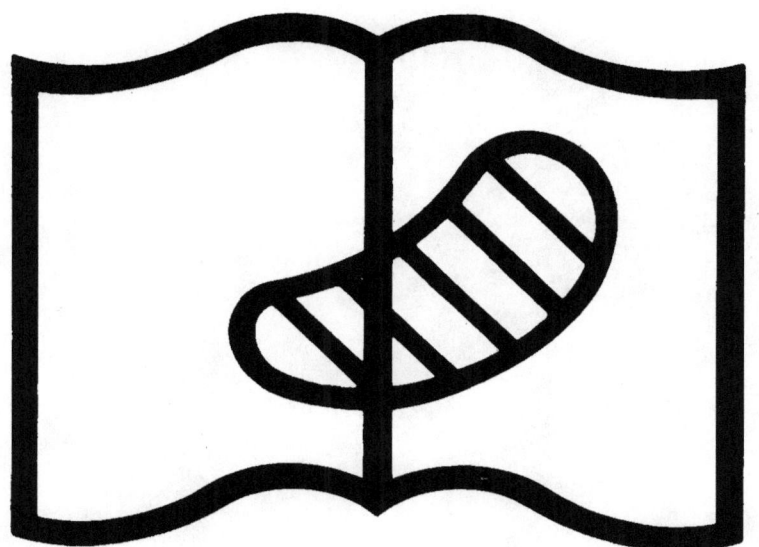

Original illisible
NF Z 43-120-10